Comment les animaux utilisent-ils leurs sens?

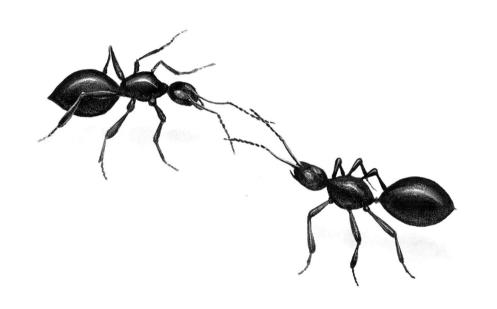

Pamela Hickman
Illustrations de Pat Stephens

Texte français de Dominique Chichera

Éditions
SCHOLASTIC

À Caitlin – P.S.

Catalogage avant publication de Bibliothèque et Archives Canada

Hickman, Pamela
Comment les animaux utilisent-ils leurs sens?/Pamela Hickman;
illustrations de Pat Stephens; texte français de Dominique Chichera.

(J'observe les animaux)
Traduction de : How animals use their senses.
Pour les 6-8 ans.

ISBN 978-0-545-99863-5

1. Sens et sensations--Ouvrages pour la jeunesse. I. Stephens, Pat
II. Chichera, Dominique III. Titre. IV. Collection.

QL49.H4514 2007   j573.8'7   C2007-901102-0

Conception graphique : Sherill Chapman

Édition publiée par les Éditions Scholastic,
604, rue King Ouest, Toronto (Ontario) M5V 1E1,
avec la permission de Kids Can Press Ltd.

5 4 3 2 1   Imprimé et relié à Singapour   07 08 09 10 11

Table des matières

Les cinq sens

Comment sais-tu que ton réveil sonne? Comment sais-tu que tu aimes la crème glacée aux fraises? Comment sais-tu qu'il y a des étoiles dans le ciel? Pour cela, tu utilises tes cinq sens.

Nous avons cinq sens. Ils nous font découvrir le monde qui nous entoure.

1. Les **yeux** sont les organes de la **vue**.

2. Les **oreilles** sont les organes de l'**ouïe**.

3. Le **nez** est l'organe de l'**odorat**.

4. La **langue** est l'organe du **goût**.

5. La **peau** est l'organe du **toucher**.

Les animaux ont aussi cinq sens. Mais, à certains égards, les sens des animaux sont différents des nôtres.

Sais-tu que...
Le serpent sent avec sa langue?

La mouche goûte son repas en marchant dessus?

Les oreilles du grillon sont situées sur ses pattes?

Étrange, n'est-ce pas? Mais c'est ce qui rend l'univers des animaux encore plus étonnant.

une couleuvre

Regarde bien autour de toi

Regarde sur les côtés sans tourner la tête. Il te suffit pour cela de bouger les globes oculaires. Les oiseaux ne peuvent pas bouger les yeux. Ils doivent tourner la tête complètement pour regarder autour d'eux. Mais les grenouilles peuvent voir ce qui se passe derrière elles sans tourner la tête.

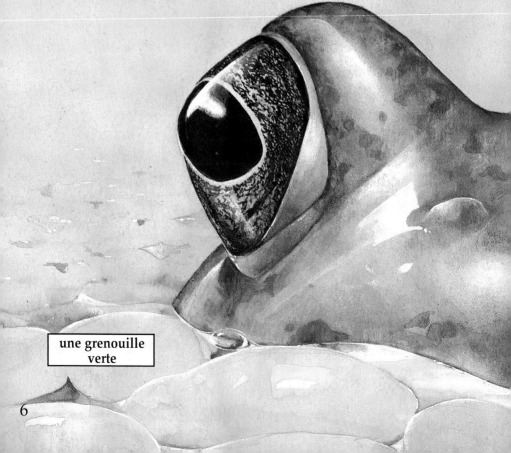

une grenouille verte

La grenouille…

- peut rester immergée dans un étang en gardant les yeux au-dessus du niveau de l'eau. Ainsi, elle peut chasser et se cacher en même temps.

- peut voir presque tout autour d'elle sans bouger la tête, ce qui lui permet de se protéger du danger tout en cherchant de la nourriture.

Des yeux énormes

Certains animaux ont des yeux énormes. Le calmar géant est celui qui a les yeux les plus gros. Chacun de ses yeux mesure environ 20 cm de diamètre; ainsi, il voit mieux sous l'eau où il n'y a pas beaucoup de lumière.

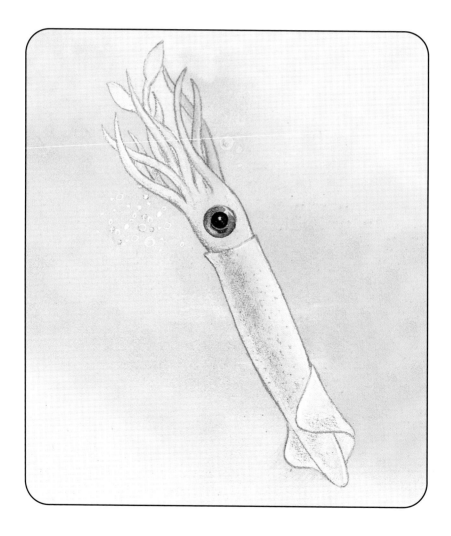

Je te vois!

La plupart des animaux qui chassent d'autres animaux ont les yeux sur le devant de la tête. Cela les aide quand ils essaient d'attraper leur proie.

Certains animaux ont les yeux placés de chaque côté de la tête. D'un œil, ils cherchent leur nourriture, et de l'autre, ils surveillent les alentours, à l'affût du danger.

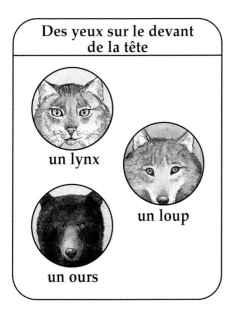

Des yeux sur le devant de la tête

un lynx

un loup

un ours

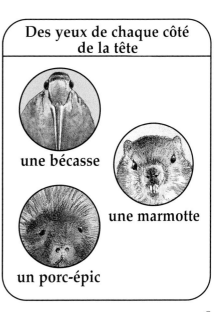

Des yeux de chaque côté de la tête

une bécasse

une marmotte

un porc-épic

Une vision nocturne

Si tu sortais la nuit sans emporter de lampe de poche, tu te cognerais certainement partout. Beaucoup d'animaux se déplacent la nuit sans problème parce qu'ils peuvent voir dans le noir beaucoup mieux que toi.

une mouffette rayée

La mouffette…

- voit très bien la nuit.

- ne voit pas très bien les couleurs, mais voit très bien le noir, le blanc et le gris.

- a les yeux qui brillent quand la lumière se reflète dedans (comme beaucoup d'autres animaux).

Tout ouïe

Les oreilles sont de formes et de tailles très variées. Les animaux s'en servent de bien des façons, pour ...

- entendre si un danger approche,
- écouter afin de repérer de la nourriture ou des points d'eau,
- entendre les autres animaux,
- trouver un compagnon ou une compagne.

Beaucoup d'animaux ont des oreilles qui leur permettent d'entendre des sons que nous ne pouvons pas entendre. Certains animaux peuvent remuer les oreilles pour mieux entendre.

un renard nain

Le renard nain...

- a de très grandes oreilles pointues pour entendre, trouver et capturer plus facilement ses proies, la nuit.

- peut remuer ses oreilles pour mieux entendre et savoir de quelles directions viennent les bruits.

- peut conserver la fraîcheur de son corps, dans son habitat situé dans les régions arides, grâce à ses grandes oreilles. (Reporte-toi à la page 17 pour en découvrir la raison).

De grandes oreilles : un avantage sans pareil!

Sais-tu que certains sons sont trop aigus ou trop graves pour être entendus par les êtres humains?

Les chats et les chiens peuvent entendre des sons qui sont trop aigus pour que nous puissions les entendre. Les éléphants communiquent entre eux en émettant des sons qui sont trop graves pour que nous puissions les entendre. Pour certains animaux, l'ouïe est le sens le plus important.

une petite chauve-souris brune

La chauve-souris....

- émet des sons trop aigus pour être entendus par les êtres humains. Les sons rebondissent sur les surfaces environnantes et reviennent à ses oreilles sous forme d'échos. Ces échos lui permettent de chasser la nuit.

- a de grandes oreilles pour mieux entendre ces échos. Elle peut trouver et attraper un insecte en moins d'une demi-seconde.

Des échos sous-marins

Les baleines et les dauphins se servent des sons de la même façon que les chauves-souris. Ils émettent des sons qui circulent dans l'eau et rebondissent sur les choses environnantes. En écoutant les échos qu'ils reçoivent en retour, les baleines et les dauphins peuvent se tenir loin du danger. Les échos les aident aussi à repérer et à capturer leur nourriture.

Bien au frais grâce aux grandes oreilles!

La chaleur corporelle d'un animal s'évacue par ses oreilles. Certains animaux qui vivent dans des endroits chauds ont de grandes oreilles, lesquelles contribuent à conserver la fraîcheur de leur corps. Les animaux qui vivent dans des endroits très froids ont de petites oreilles qui ne laissent échapper que peu de chaleur; ainsi, ces animaux ont plus chaud.

Les immenses oreilles de l'éléphant font plus que l'aider à ne pas avoir trop chaud. Quand un éléphant agite les oreilles, il avertit ses ennemis de s'éloigner.

Flairer le vent

Les animaux dégagent des odeurs qui se répandent dans l'air. Il suffit à beaucoup d'animaux de flairer le vent pour savoir quels animaux les entourent. Ils utilisent leur odorat pour trouver un autre animal du troupeau, leur mâle ou leur femelle, ou une proie.

un cerf de Virginie

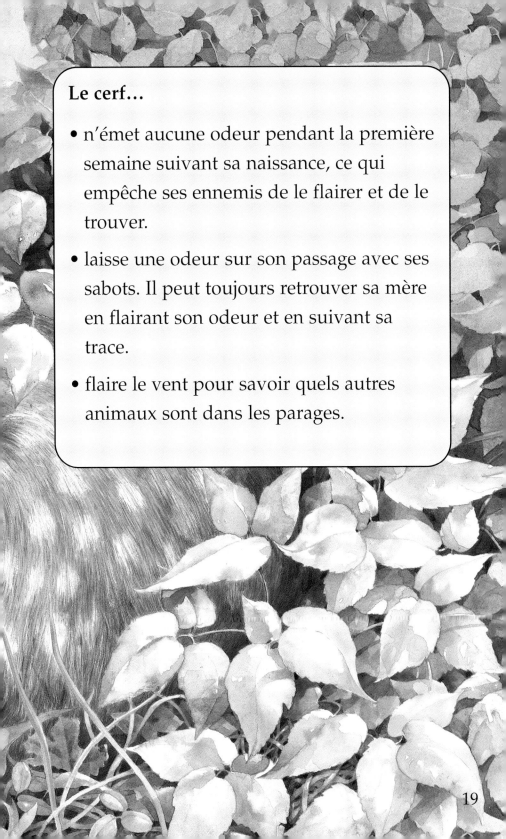

Le cerf…

- n'émet aucune odeur pendant la première semaine suivant sa naissance, ce qui empêche ses ennemis de le flairer et de le trouver.

- laisse une odeur sur son passage avec ses sabots. Il peut toujours retrouver sa mère en flairant son odeur et en suivant sa trace.

- flaire le vent pour savoir quels autres animaux sont dans les parages.

19

Dis-le d'une façon odorante!

Les animaux se servent des odeurs pour envoyer des messages. L'émanation d'une mouffette envoie le message suivant : « Ne t'approche pas! » C'est clair et net.

Certains animaux vivent en groupes. Ils utilisent leur odorat pour trouver les autres animaux de leur groupe.

Les antilopes vivent en groupes appelés troupeaux. Elles connaissent l'odeur spécifique de leur troupeau.

Une maman antilope peut retrouver son bébé en suivant son odeur distinctive.

Chez les papillons de nuit, la femelle émet
une odeur particulière quand elle
est prête à rencontrer
un mâle. Certains
mâles peuvent sentir
une femelle qui se
trouve à une distance
correspondant à plus
de cinq rues en ville.

Comment une fourmi fait-elle savoir à une
autre fourmi qu'elle a trouvé de la nourriture?
Elle se sert de ses antennes pour transmettre
des messages odorants. La fourmi laisse une
odeur sur son passage pour montrer le chemin
aux autres fourmis.

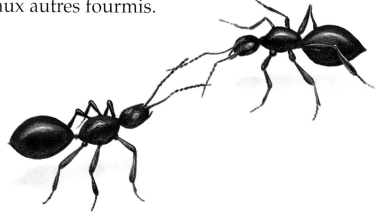

Pas seulement avec le nez

Comment sentent les animaux qui n'ont pas de nez? Les insectes sentent avec leurs antennes. Les poissons-chats utilisent leurs moustaches et leurs barbillons pour sentir les odeurs au fond d'un lac ou d'une rivière.

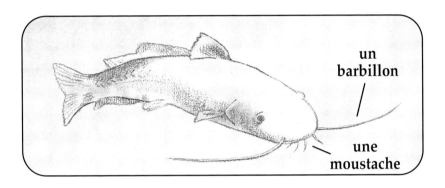

un barbillon

une moustache

La pieuvre sent et goûte avec ses tentacules. Le serpent sort sa langue pour sentir l'air.

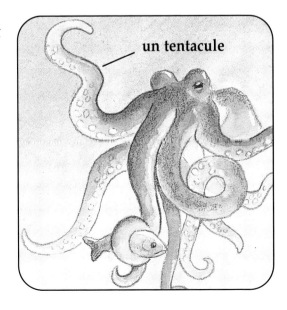

un tentacule

Comme c'est bon!

Les animaux sauvages ont des préférences en ce qui concerne la nourriture, tout comme toi. Beaucoup de chenilles ne mangent qu'une seule sorte de plante. Les oiseaux ne mangent pas les papillons monarques parce qu'ils ont mauvais goût. Les chats ne sentent pas le goût des aliments sucrés.

un grand papillon porte-queue

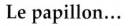

Le papillon…

- a des papilles gustatives sur les pattes. Pour savoir si une fleur est bonne à manger, il marche dessus.

- est pourvu d'une trompe qui s'enroule comme un ressort sous sa tête. Cette trompe se déroule quand il veut manger.

- peut goûter les aliments sucrés avec sa trompe bien mieux que les êtres humains avec leur langue.

Des langues habiles

La langue de
la girafe possède
un écran solaire
naturel qui la protège
des coups de soleil quand
la girafe happe les feuilles
au sommet des arbres.

La langue du crapaud est attachée à l'avant de
sa bouche, ce qui lui permet de la projeter très
loin pour attraper une mouche savoureuse.

La langue des pics, très longue et gluante, a la forme idéale pour attraper les insectes.

Les lézards peuvent se servir de leur langue pour nettoyer leurs yeux.

Rien qu'au toucher!

Beaucoup d'animaux utilisent leur sens
du toucher pour trouver leur nourriture.
Le toucher est également important
pour se déplacer dans
le noir et rester loin
du danger.

un morse

Le morse...

- a des moustaches constituées de rangées de poils rigides autour de la bouche pour sentir les choses.

- enfonce ses moustaches dans le fond boueux de l'océan pour sentir la nourriture. Quand il a trouvé quelque chose qui ressemble à un bon repas (peut-être une palourde ou un crabe), il creuse le fond avec ses défenses pour le manger.

Comment sens-tu?

Peux-tu deviner d'où la taupe à nez étoilé
tire son nom? Les courts tentacules
de chair rose situés autour
de son nez l'aident à trouver
son chemin dans les
sombres tunnels souterrains.

Les moustaches du chat
sont des antennes très
sensibles.

Les oiseaux se
servent de leurs
plumes pour
détecter ce qui
les entoure.

Des sens étonnants

Tu as appris les façons dont beaucoup d'animaux utilisent leurs cinq sens : la vue, l'ouïe, l'odorat, le goût et le toucher. Mais sais-tu que certains animaux ont des sens que les êtres humains ne possèdent pas?

Les serpents à sonnettes sont pourvus d'une cavité de chaque côté de la tête. Ces cavités sont sensibles à la chaleur corporelle des autres animaux. Voilà comment le serpent à sonnettes trouve son repas.

Certains oiseaux s'envolent vers le sud pour
trouver de la nourriture pendant l'hiver. Ils
reviennent vers le nord quand l'hiver est terminé.
Ces oiseaux possèdent un sens particulier qui
leur permet de savoir dans quelle
direction aller.

Sais-tu ce qu'une chauve-souris vampire aime
manger? Du sang chaud! Cette chauve-souris
peut sentir la chaleur
d'un animal à sang
chaud. Mais ne
t'inquiète pas,
les chauves-souris
vampires n'aiment
pas le sang humain.

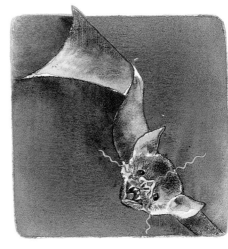